遍路で辿る
もう一つの伊豆

新井俊夫
Arai Toshio

JN112851

目次

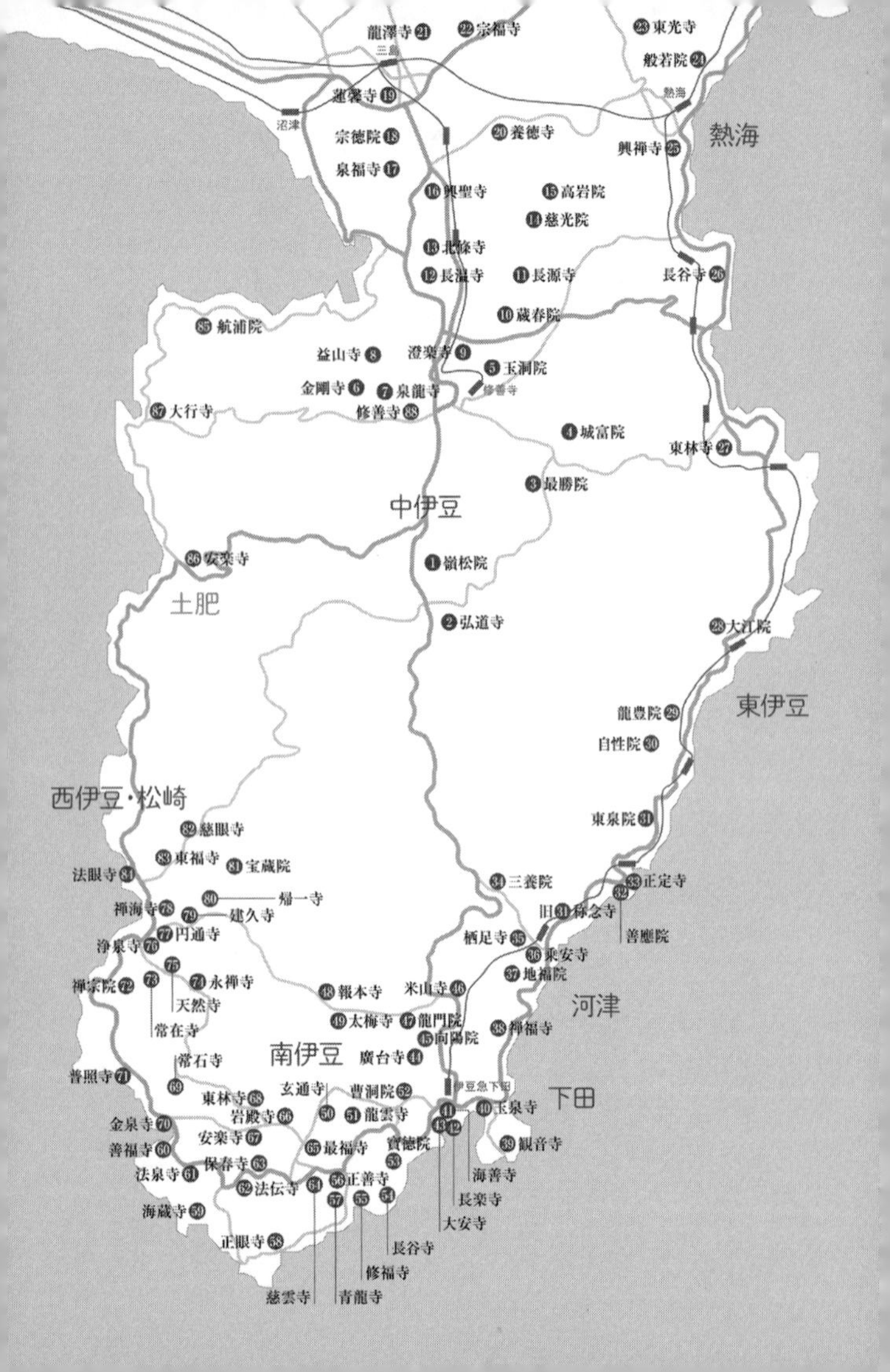

龍澤寺21
22宗福寺
23東光寺
三島
般若院24
熱海
蓮馨寺19
沼津
熱海
20養徳寺
宗徳院18
興禅寺25
泉福寺17
16興聖寺
15高岩院
14慈光院
13北條寺
12長温寺
11長源寺
長谷寺26
85航浦院
10蔵春院
益山寺8
澄楽寺9
5玉洞院
金剛寺6
7泉龍寺
修善寺
87大行寺
修善寺88
4城富院
東林寺27
3最勝院
中伊豆
86安楽寺
1嶺松院
土肥
2弘道寺
28大江院
龍豊院29
東伊豆
自性院30
西伊豆・松崎
82慈眼寺
東泉院31
83東福寺
81宝蔵院
法眼寺84
34三養院
33正定寺
32
80帰一寺
禅海寺78
79建久寺
旧31称念寺
善應院
77円通寺
栖足寺35
浄泉寺76
36乗安寺
75
37地福院
禅宗院72
73
74永禅寺
48報本寺
米山寺46
天然寺
河津
49太梅寺
47龍門院
38禅福寺
常在寺
45向陽院
南伊豆
廣台寺44
常石寺
普照寺71
69
伊豆急下田
玄通寺
曹洞院52
下田
東林寺68
岩殿寺66
50
51龍雲寺
41
40玉泉寺
金泉寺70
43
42
安楽寺67
寶徳院
39観音寺
善福寺60
65最福寺
53
法泉寺61
保春寺63
海善寺
62法伝寺
64
56正善寺
57
55
54
長楽寺
海蔵寺59
大安寺
正眼寺58
長谷寺
修福寺
慈雲寺
青龍寺

序　章　遍路の準備

私は2016年2月に横浜から伊豆の河津に移住しました。
ある時、地元の河津桜観光交流館に置かれた案内で伊豆にも空海ゆかりの八十八ヶ所の遍路があることを知りました。地元河津やお隣の稲取でいくつかお寺のご住職や神社の宮司の方とお話しする機会があり、「伊豆遍路」への思いが募りました。伊豆の巡礼は江戸時代に成立したと伝えられています。

遍路の準備のため、0番札所に相談に行き色々と教えて頂きました。ここで説明を聞き案内書と奉納経帳を購入しました。その他の品は通販が良いと助言を頂き自宅に戻り遍路用品を注文しました。

＊2019年6月現在、0番札所は移転しています。詳しくは伊豆霊場親睦会のホームページ等でご確認下さい。

遍路を始める前にいくつか決め事をしました。

1. 寺院の建立の謂れを調べそれを心願とすること。つまり何か自分の願い事を唱えるのではなく、その寺の建立の原点、例えば日照りで雨ごいを願ったのであればそれを心願にする。又五穀豊穣を願ったのであればそれを心願にする。更に争いが収まることを願ったのであればそれを心願にする。創建の謂れが不明の場合は、私の心願である「世界平和」とします。

2. 空海は四国で日本最大と言われるため池を整備したと伝えられています。そこでこの巡礼で水と係わりがある場所であるかを尋ねることとします。

3. 次に温泉です。伊豆には空海が発見した修善寺温泉があります。他にも温泉が多くあります。それらを調査しながら進みます。

4. 四国の遍路は鉱物の鉱脈との関わりがある地を巡った可能性がある、と言われています。ここ伊豆にも金山がありました。そこで伊豆の遍路と鉱物の係わりがあるかを調べながら進むこととします。鉱山の年代が空海と一致していなくても鉱山があればそれを辿ります。

以上を今回の遍路の主題として始めることとしました。

伊豆の巡礼地にある寺院の宗派は浄土宗、真言宗、曹洞宗、日蓮宗、臨済宗、又そのいずれにも属さない寺があります。更に同じ宗派でも本山が異なる寺院がありま す。今回の巡礼地では創建当初と異なる宗派になっている寺院があります。私自身、家は浄土真宗本願寺派です。しかし幼稚園はキリスト教のプロテスタント、大学が同じキリスト教のイエズス会が運営しているカトリック系の学校でした。そこで多分多くの日本人と同じように11月の七五三は神社に行き、12月のクリスマスは「ジングルベル」の音を聞き、大晦日には「除夜の鐘」を抵抗なく受け入れた経験をしていま す。ですので、夫々の宗旨に拘らないことに抵抗はありません。

私は河津の自宅から車を使い日帰りで遍路します。公共交通機関でもバス等の遍路が企画されています。詳しくは各地観光協会等にお問い合わせ下さい。

それではいよいよ遍路を始めます。

第一章　遍路で辿るもう一つの伊豆

一番札所　観富山　嶺松院　曹洞宗　伊豆市田沢

山門に立ち「一番札所」との案内に身が引き締まります。初めてで手順も分からず。お尋ねするご住職も不在のため、案内に従って進み読経を行います。賽銭は気持ちを納めます。但し、万が一火災が発生するようなことになってはいけないのでご住職の在不在にかかわらず線香は使いません。案内書にも「火の始末に注意」と書かれており、消火を見届けてから次の巡礼では手間がかかるのでそれは省きました。ここは空海が村人を難病から救うために薬師三尊等を勧進されたとのことなのでその願いを聞き留めることとします。心願は「身体健康」です。調査対象の温泉・鉱山との縁は不明です。しかし目の前に狩野川が流れており、「水」が該当します。又温泉は少し離れますが月ヶ瀬温泉や吉奈温泉があります。難病をこの狩野川の豊かな水で平癒することを願って勧進されたのでしょうか。目の前には豊かな田畑が広がっています。

二番札所　天城山　弘道寺　曹洞宗　伊豆市湯ヶ島

寺は火災のため勧進の趣旨が不明です。又場所も創建当時から移転しているのです。そのような場合、心願は「世界平和」です。調査項目ですが、現在の寺は狩野川とその支流に囲まれた地にあります。その支流は大見川と言い、１９５８年の狩野川台風で山崩れを起こし下流域に甚大な被害を出しています。豊かな水が脅威となって災害となってしまった例です。ところでこの「大見川」という名称ですが、「大」には砂鉄を意味する「真砂」が隠されているという説もあります。伊豆はかつて豊富な砂鉄を用いた製鉄が行われていたのです。仮定の話ですが、空海が伊豆の地を目指した理由の一つはこの砂鉄が豊富な地であったことかも知れないと思いました。更に江戸時代には別に鉱山がありました。寺の住所は伊豆市湯ヶ島です。今は廃坑となっていますが、鉱山の名はそのものの「湯ヶ島金山」です。江戸時代の採掘ですから空海とは時代が異なります。更にこの寺の創建に空海が関わって

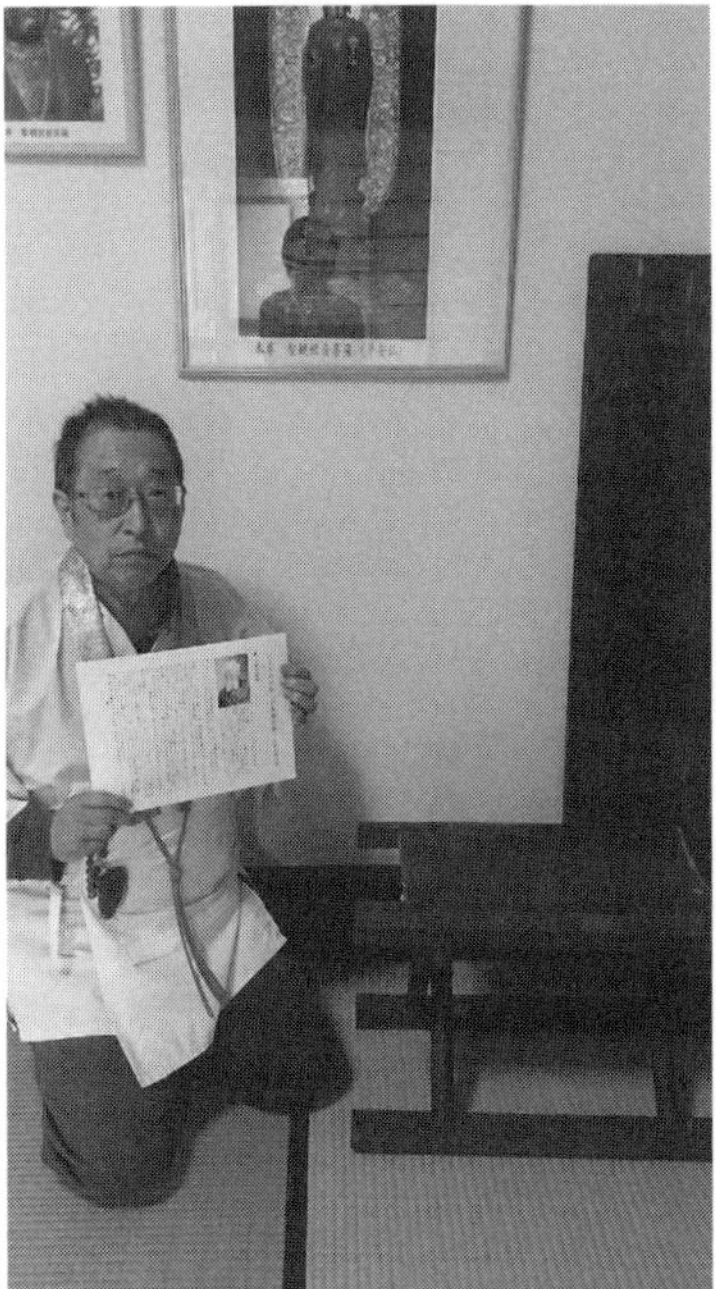

二番札所
初代米国総領事ハリスが江戸へ向かう途中、宿として寺を利用した時に使用した椅子と表に掲げられた案内板

いたかは先述の通り、火災で資料が喪失しているので不明です。しかしこれらに何らかの係わりがあると感じるのは私だけでしょうか。更にここ湯ヶ島は「湯ヶ島温泉」の地です。創建当時の寺の場所は不明ですが、二番札所で早くも調査項目の水・温泉・鉱山の全てに該当しました。

寄り道です。ここは初代米国総領事となったハリス一行が江戸に行く時、天城で宿泊した寺とあり、お話を伺いました。そこで当時の椅子と看板が残されているお部屋にご案内頂きました。そこには又ハリスに随行したヒュースケンが残した日記の一部が日本語に訳されて残されていました。それによるとハリスはここから日本に来て初めて富士山を望みその時の感動を「ヒマラヤより美しい」と語ったと日記に記しています。

三番札所　妙高山　最勝院　曹洞宗　伊豆市宮上

広い敷地。池や水の流れが豊かな場所。以前天狗から願い事を尋ねられ「水が欲しい」と伝えると沢から水が湧き出し今も涸れることがないとのこと。心願は「湧水」です。境内に池があり、豊富な水があります。温泉と鉱山は不明です。

寄り道です。山門の入口の先に石橋があり「滑りやすいのでお急ぎでない方は回り道をして下さい」と書かれた案内があり、思い出しました。橋の上では杖をつかないように、という教えです。それは空海が橋の下で雨露をしのいだので橋の上から下に杖はつかないようにとあったのを思い出したのです。私は不慣れで分からないことだらけで作法違いがあるかもしれませんが、気付いたことは守るよう心がけました。そこで橋を渡らず、右に進むと戦争の犠牲者を弔う石碑があり、合掌しました。私の心願は「世界平和」です。そこでその後出征兵士や戦争の犠牲者の石碑等を見かけたら

三番札所　妙高山　最勝院

合掌することとしました。帰りは杖をつかずに橋を渡りました。

四番札所　泉首山　城富院　曹洞宗　伊豆市城

寺は以前は別の場所だったそうです。山崩れと火災に遭い詳しいことは分かりません。心願は「世界平和」です。狩野川が近くを流れています。温泉と鉱山は不明です。

五番札所　吉原山　玉洞院　曹洞宗　伊豆市牧之郷

ここは火災で一切の資料を喪失しているとのことです。心願は「世界平和」です。ご住職に巡礼の趣旨を説明するとご住職が「そういえば子供の頃、ここから金山跡が見えた」とのこと。それは大仁金山のことで、今は採掘しておらず、跡地は温泉施設になっています。しかし横を通ると「伊豆温泉村　大仁金山」と書かれた看板があり、ここに金山があったことを残しています。ただ鉱山開発は江戸時代のことで空海の時代よりかなり下っています。それでも後に鉱山開発される場所をかなりの確度で辿っているように思えるのは不思議です。水は狩野川が近くを流れていますが、温泉は不明です。

ご住職が子供の頃金山跡が見えた、と言われた大仁金山

六番札所　大沢山　金剛寺　真言宗　伊豆市大沢

寺の沿革などは不明です。心願は「世界平和」です。

調査項目として、ここは狩野川の支川の山田川の近くにあります。

温泉と鉱山は不明です。ただ地名の大沢の「大」は製鉄の材料の砂鉄を意味する真砂の隠し言葉ともいわれています。何か関係があるかもしれません。

寄り道です。ここには1889年の「豆国八十八ヶ所霊場」の版木が見つかりそれが元となって伊豆巡礼が復活したという貴重な資料が残された寺です。

七番札所　東嶽山　泉龍寺　曹洞宗　伊豆市堀切

寺は1500年に玉泉寺という真言宗の寺として開山されました。その後1667年に曹洞宗に改宗し、寺号も泉龍寺とされました。心願は「世界平和」です。寺の場所は六番札所より更に山田川の下流になります。そして山門の目の前を川が流れています。この情景を目にした時、調査対象に「水」を加えていたことが今回の巡礼をより高めることが出来ると確信しました。温泉と鉱山は不明です。

八番札所　養伽山　益山寺　真言宗　伊豆市堀切山田

こちらは空海が開いた寺です。ご本尊は空海作とされる観世音菩薩が祀られています。伊豆巡礼地の中でも有数の難所と言われています。
心願は「世界平和」です。調査項目については山道を登りながらも豊かな水量の清水が流れていたので水には縁がありました。温泉と鉱山は不明です。

寄り道です。ここは山の下の駐車場から山門に辿り着くまで延々と坂道を登らなければなりませんでした。歩きながら「今にぎわいを見せている修善寺も空海が巡礼した時はここと同じように山道を登ったのかな」との思いが沸き上がりました。今のような交通機関がない時代によくここに庵を結んだな、と感心しました。

伊豆縦貫道大平インター近くにある落差105mの旭滝

八番札所から帰宅する途中、伊豆市にある旭滝に立ち寄りました。伊豆は浄蓮の滝、河津七滝等滝が多くあります。旭滝はあまり知られていないのではないかと思います。しかし滝ですから調査項目の一つである「水」に縁がある場所です。

何も知らずこの滝を見ると驚きます。水量が多い時でないと見られないのですが、落差１００ｍを超える滝が六段の崖を流れ落ちてくる様を目の前で見ることができます。場所は伊豆縦貫道の大平出口の近くです。

九番札所　引接山　澄楽寺　真言宗　伊豆の国市三福

こちらは八番札所と同じく空海が開いた寺と伝えられています。ただ、創建年代は空海が正式に出家していない時とのことですが詳細は不明です。近くに縄文時代の塚があり、狩野川で狩猟等を行った豊饒の地であったようです。心願は「世界平和」です。狩野川が近くを流れている他、温泉と鉱山は不明です。

十番札所　長谷山　蔵春院　曹洞宗　伊豆の国市田京

こちらは、寺を建立しようとしたところ黒龍が現れ工事を妨害したと伝えられています。心願は「心願成就」です。小川が流れている他、温泉と鉱山は不明です。

十一番札所　天與山　長源寺　曹洞宗　伊豆の国市中

詳細は不明ながら以前は真言宗であったそうです。心願は「世界平和」です。ここは狩野川に近いものの温泉と鉱山は不明です。

寄り道です。北条早雲が親交のあった住職をここに住まわせたと伝えられています。

ここには東司（御手洗）の神様が祀られています。それを知って、寺なのに仏様ではなく、「神様？」と思いましたが、実はこれインドの火の神様を祀っているとのこと。つまり日本で「神様」になったのではなくインドの神様を受け入れて祀っているので「仏様」ではなく、「神様」と理解しました。それは本堂の脇に祠があり、説明があります。そしてそこには男性の象徴と思われるご神体が複数祀られており、更にその内の一つは女性の象徴の（ように見える）ご神木にもたれかかっているご神木が祀られており、「火の神」とはそれを意味するのでしょう。

であれば東司（御手洗）の神様と理解できます。

このように男女の象徴を祀ることは「鉱山開発」を意味する場合があると後に知りました。鉱山開発はあからさまに公表すれば一気に大勢の人を引き付けてしまうので様々な隠語でそれを隠していたようです。

十二番札所　湯谷山　長温寺　曹洞宗　伊豆の国市古奈

ここは争いに敗れた兵士が持参していた薬師如来を納めて祭祀したとの由来があります。心願は「世界平和」です。ここで山号の「湯谷山」と寺の「長温寺」から想像できるように温泉があります。

こちらの寺に着く前に路地を直進してしまい別の神社に着きました。

その神社前には何と古奈温泉の源泉がかつて存在し、源頼朝もその湯に浸かったとの伝承がありました。狩野川が近くにありますが、鉱山は不明です。

十三番札所　巨徳山　北條寺　臨済宗建長寺派　伊豆の国市南江間

寺は鎌倉幕府ゆかりの北条氏が建立しました。そのため1590年の豊臣秀吉の小田原攻めの時に焼き討ちに遭います。心願は「世界平和」です。狩野川が近くを流れています。温泉と鉱山は不明です。

十四番札所　龍泉山　慈光院　曹洞宗　伊豆の国市韮山多田

こちらは山号に「龍泉山」とある通り、近くの池に龍が住んでおり悪さをしたとの言い伝えが残されています。心願は「身体安全」です。近くに温泉があります。しかしご住職のお話では、寺のすぐ横でも温泉が湧くそうです。

ただ温度が19度と低く、そのままでは利用出来ないとのこと。鉱山は不明です。

ここは水には縁が無さそうに見えました。しかし「豊かな水」ではなく、「乏しい水」という意味で水に縁があったと思われるのです。空海は四国で「満濃池」というため池の整備をしたとの伝承があります。この地も以前は水の争いがありました。この地に「公路《こうろ》」塚という塚があるのですが、地元では「口論塚」という方もいるそうで、村々で水の厳しい争いがあったそうです。それを今に伝えるのか、二つあった用水池の内一つが今も寺の近くに残されています。こうした水の争いが元となってこの用水池に「龍が住んでいた」という伝説が残ったのかも知れません。

寄り道です。創建時は真言宗として創建されました。しかしここに限らず当時の住職は妻帯を認められておらず、しばしば後継者が見つからず、そのまま放棄される寺が少なくなかったようです。そこで当時優勢であった真言宗の寺を曹洞宗の僧が「寺を存続するから曹洞宗に改宗させて欲しい」と地元の方を説得したのではないか、とのお話を伺いました。その際、この寺には真言宗の開祖である空海作と言われる延命地蔵尊を本尊として残し「曹洞宗を名乗るがご本尊はそのままですから」と地元の

十四番札所　伊豆遍路で唯一の人工的ため池ー新池

方の同意を取り付けたのかもしれない、との興味深いお話を伺いました。その後数回火災に遭い、現在のご本堂は十数年前に改装されたとのことです、その改装の前までご本堂は「真言造り」と言われるご本尊を祀る段が一段高くなった造りを守っていたそうです。

十五番札所　華頂峰　高岩院　臨済宗円覚寺派　伊豆の国市奈古谷

心願は「世界平和」です。近くを柿沢川が流れていますが、温泉、鉱山は不明です。

十六番札所　金寶山　興聖寺　臨済宗円覚寺派　田方郡函南町塚本

寺は1489年に建立されたという以外詳細は不明です。心願は「世界平和」です。調査項目は狩野川が近くにあります。温泉と鉱山は不明です。ただ山号の「金寶山」は「金の寶の山」ですから金山を想起させるもので興味があります。

寄り道です。こちらには銃痕が残る鹿の襖絵があります。最近の調査ではこの絵が描かれたのは安土桃山時代以降とのことです。銃痕がある理由は猟師が本物の鹿と間違えたという説と、又別に絵の中から鹿が外に出て悪さをしないよう絵に封じ込めた、という話が伝えられていると伺いました。

十七番札所　明王山　泉福寺　真言宗　三島市長伏

創建年代など詳細は不明ですが、鎌倉時代ではないかと伝わっているそうです。心願は「世界平和」です。この寺と次の十八番札所の宗徳院は共に狩野川の支流の境川が近くを流れています。温泉と鉱山は不明です。

十八番札所　龍泰山　宗徳院　曹洞宗　三島市松本

ここは空海の創建と伝えられており、源頼朝が挙兵から鎌倉に入るまでの百日間、三嶋大社とこの寺に祈願したと伝えられています。心願は「世界平和」です。寺の山門のすぐ前を境川が流れる様子は同じく山門のすぐ前を山田川が流れていた七番札所の泉龍寺を思い起こしました。どちらも山門の目の前に川が流れているのです。温泉と鉱山は不明です。

十九番札所　君澤山　蓮馨寺　浄土宗　三島市広小路町

寺の創建は1289年とのことです。他のいくつかのお寺と同様こちらも当初は真言宗であったそうです。今は浄土宗となっています。

1590年の豊臣秀吉の小田原攻めの際に焼き払いに遭い焼失してしまいました。その後も火災に遭い資料は消失しているとのことです。心願は「世界平和」です。近くを楽寿園が源流となって流れる二つの河川にはさまれています。それ以外の温泉と鉱山は不明です。

二十番札所　福翁山　養徳寺　臨済宗円覚寺派　田方郡函南《かんなみ》町平井

こちらは1387年創建だそうです。ただその後火災で資料を一切喪失されてしまい詳細は不明です。心願は「世界平和」です。調査項目についてすぐ近くではありませんが、来光川《らいこうがわ》が流れています。もしかすると河川の氾濫に遭わないよう高台に創建したのかもしれません。温泉と鉱山は不明です。

寄り道です。この地には「函南《かんなみ》のこだま石」という話が伝えられていて、函南《かんなみ》から熱海に向かう山中に大きな岩に向かって叫びかけると岩からそれに応える声が聞こえてくるという話です。「山中の岩」と聞くと鉱山を思い浮かべてしまうのです。ただ仮に縁があったとしてもこの寺の近くということにはなりません。

とにかく鉱山師達はその秘密が漏れないよう、しかし分かる人には分かるよう何らかの兆候を残していることが多いのでこの言い伝えに興味を持ちました。

二十一番札所　圓通山　龍澤寺　臨済宗妙心寺派　三島市沢地

こちらは空海の開創と伝えられていますが、場所は今と異なり、山の下にあったそうです。心願は「世界平和」です。近くを沢地川が流れているので水が該当します。温泉、鉱山は不明です。

寄り道です。ここの寺には平成になってから新たに発見された天保十五年（1844年）と彫られた伊豆巡礼記念の石碑があります。

更に1945年8月、昭和天皇が太平洋戦争終結の玉音放送をされた文言は当時のここ龍澤寺の住職玄峰老子が進言されたものだそうです。

二十二番札所　泉龍山　宗福寺　曹洞宗　三島市塚原新田

寺は1590年豊臣秀吉の小田原攻めの際、北条氏の出城であった山中城攻略の攻防での戦死者を追悼するために建立されました。心願は「世界平和」です。寺の建立の謂れから調査項目は対象外とします。

二十三番札所　日金山　東光寺　真言宗　熱海市伊豆山

寺の詳しい経緯は不明です。心願は「家内安全」です。調査項目は水、温泉、鉱山いずれも不明です。

寄り道です。日金山《ひがねさん》という山号から鉱山を連想したのですが、どうもこれは鉱山とは無縁のようです。271年に丸く光る不思議な鏡が飛来し、それを「火が峰」から転じて日金山と呼ばれるようになったそうです。又ここは「親の新盆に参拝すると親に似た人に会える」との言い伝えがあると教えて頂きました。それは参拝に来られている方に親に似た方が見つかる、という言い伝えだそうです。

二十四番札所　走湯山　般若院　真言宗　熱海市伊豆山

詳しい寺の創建については不明ですが、源頼朝が平家討伐の祈願をした寺とのことです。又１５９０年の豊臣秀吉の小田原攻めで伊豆山神社の別当として３００名の僧兵がいたため全山焼き討ちにあったそうです。心願は「世界平和」です。境内に足湯温泉があります。その他水と鉱山は不明です。ただ、温泉は鉱山開発の副産物であるとも言われます。つまり鉱山を開発しようとしていたら温泉を掘り当てる、そんなことがあったそうです。

二十五番札所　護國山　興禅寺　臨済宗妙心寺派　熱海市桜木町

こちらは１３４１年創建の寺です。細い入り組んだ道を通るので注意が必要です。心願は「世界平和」です。熱海ですので温泉があります。水と鉱山は不明です。

二十六番札所　根越山　長谷寺　曹洞宗　熱海市網代

こちらの寺、今は曹洞宗ですが、かつては真言宗であったそうで境内に空海の像が安置されています。創建年代は不明ですが、行基菩薩が観音像を彫り、洞窟に安置したとの故事が伝えられています。海に面しているので心願は「航海平安」です。水、温泉、鉱山は不明です。

二十七番札所　稲荷山　東林寺　曹洞宗　伊東市馬場町

こちらの寺が12世紀半ばに創建された時は真言宗で久遠寺と称していました。その後日本三大仇討ちの一つ曽我兄弟の父、河津三郎の父伊東祐親が息子三郎の霊を弔うため仏門に入り久遠寺から東林寺と改めたとのことです。河津三郎の子息が曽我姓なのは母の再婚先の姓を名乗ったためです。心願は「世界平和」です。伊東ですので温泉があります。また近くに伊東大川が流れています。鉱山は不明です。

二十八番札所　伊雄山　大江院　曹洞宗　伊東市八幡野

こちらは創建当初は真言宗でした。1540年に曹洞宗に改宗しています。心願は「世界平和」です。近くに小川があり、伊東ですので温泉があります。鉱山は不明です。

寄り道です。この寺で明治45年（1912年）の日付の入った伊豆八十八ヶ所霊場巡りのご朱印帳が１９７４年に発見され伊豆巡礼復活のきっかけとなりました。

近くに八幡神社があるので源氏との縁を尋ねるとこの寺の山門の石に源頼朝が腰かけて髪の鬢《びんっ》付けを直したと言われる岩がある、と教えて頂きました。

二十九番札所　大川山　龍豊院　曹洞宗　賀茂郡東伊豆町大川

こちらは１５５５年創建で当初は真言宗でした。その後曹洞宗に改宗しましたが１８７９年に火災に遭い資料を喪失してしまいました。心願は「家内安全」です。

近くに川が流れ、大川温泉があります。鉱山は不明です。

三十番札所　金澤山　自性院　曹洞宗　賀茂郡東伊豆町奈良本

こちらは１８７０年の火災で焼失したため沿革などは不明です。

ただ１５０４年の創建と思われ、その後１５７９年に江戸城を構築した太田道灌の末孫太田持広が曹洞宗に改宗したそうです。心願は「家内安全」です。

こちらでご住職と話をさせて頂いたところ「昔金山があったと聞き、子供の頃裏山に入って探したことがある」と貴重なお話を伺いました。この寺の山号が「金澤山」で金山に縁がありそうです。近くには川が流れており、熱川温泉もあります。

三十一番札所　来宮山　東泉院　曹洞宗　賀茂郡東伊豆町白田

こちらの創建は１４９４年と伝えられ元は真言宗の寺でした。心願は「世界平和」です。お寺の方に調査項目の件を伝えました。すると「そう言われればここ白田川の上流の片瀬の奥でかつて硫黄が採れてそれを求めて争いがあったと聞いたことがある」とのお話を教えて頂きました。伊豆で硫黄が採れたとの話には驚きました。伊豆で鉱山と言えば金山と思っていたのでそれ以外の鉱物があるとの話は初めて伺いました。ここは白田川、白田温泉、そして硫黄で三点が揃いました。

三十二番札所　稲取山　善應院　曹洞宗　賀茂郡東伊豆町稲取

こちらは１４４１年に真言宗の寺、稲昌寺として開かれました。その後１６１６年に曹洞宗に改宗し、今の稲取山善應院となったそうです。心願は「世界平和」です。調査項目については近くに川が流れており、稲取温泉があります。鉱山は不明です。

三十三番札所　見海山　正定寺　浄土宗　賀茂郡東伊豆町稲取

こちらの寺は1181－82年に真言宗の寺で来迎庵と称したそうです。その後臨済宗から真言宗を経て1598年に浄土宗の正定寺となったとのこと。寺は海に面しています。それも高台ではないので恐らく今回の巡礼の中で一番海に接近していると思います。そのため1670年に台風による波浪によって大半を流失してしまったそうです。心願は「家内安全」です。調査項目については、稲取ですので温泉がありま す。近くには海に注ぐ川があります。鉱山については不明です。

寄り道です。寺があまりに海に近いことが不思議でしたが、後にある方から「川の河口にある寺はかつてそこに流れ着いたご遺体を弔っていた所もある」と伺いました。そうであればここは湾に注ぐ川もあるので海に面した場所に建立した理由も理解出来ます。

三十四番札所　千手山　三養院　曹洞宗　賀茂郡河津町川津筏場

寺の正確な創建年代は不明ですが、16世紀の初めとされています。当初は千手庵という名称だったそうです。それが1590年豊臣秀吉の小田原攻めの際に下田城の城主と妻、子の三名が逃れてここに身を隠したそうです。そこから三名を養った、として三養院と改名されたそうです。心願は「家内安全」です。調査項目ですが、地名が筏場ですから川が近くにあります。温泉は少し離れていますがあります。鉱山はかつて佐ヶ野に金山があったそうですが確認は取れませんでした。

寄り道です。ここは河津川の支流の佐ヶ野川が流れています。そこは遊歩道が整備されていて気軽に散策を楽しめます。そしてその渓流に小さな滝が多くあります。その一つに三養院の滝と命名された滝があります。勿論これは寺の名から命名された滝です。ご住職のお話ではかつてはこの滝も今の河津七滝に加えられていたと地元の方から伺ったと話されていました。河津川ではなくその支流ですが遊歩道を辿ると深山を散歩しているような静謐な心地になります。

三十五番札所　鳳儀山　栖足寺《せいそくじ》　臨済宗建長寺派　賀茂郡河津町谷津

寺は1319年の創建です。心願は「世界平和」です。川が河津川とその支流に挟まれています。温泉は谷津温泉があります。鉱山は不明です。

寄り道です。江戸時代にこちらの寺のご住職に命を助けられた河童がお礼に持参したとされる壺が今も寺宝として保管されています。そして別途拝観料が必要ですが、この壺に耳を近づけると川のせせらぎのような音が聞こえると伝えられています。以前は河童に河津川に引きずり込まれそうになった馬が驚いて川岸を蹴って跡がついたと言われる蹄石《ひづめいし》があったそうですが、1958年の狩野川台風で流されてしまったそうです。

三十五番札所、命を助けられた河童がお礼に届けた壺が今も寺宝とされています

三十六番札所　長運山　乗安寺　日蓮宗　賀茂郡河津町谷津

寺の創建は1596－1615年頃とのことです。創建時寺は今の谷津ではなく金山で知られる河津の縄地にあったそうです。心願は「身体安全」です。寺のある谷津には先の栖足寺同様に川と温泉があり鉱山はありません。しかし創建当初寺があった場所である縄地には金山がありますが川と温泉はありません。

寄り道です。この寺の「乗安寺」という名には由来があります。この寺の開祖日遠は徳川家康の不興を買ってしまい処刑されるはずでした。それが家康の愛妾のお万の方が助命嘆願して認められたが、伊豆に送られたとのことです。そこで道中の安全のため、お万の方が使っていた駕籠《かご》を日遠に授けたと言います。そこでお万の方の駕籠という「安全な乗り物」で無事伊豆に到着したことから「乗安寺」と命名されたそうです。今も江戸時代に修復された駕籠が本堂に安置されています。

縄地では火災に遭ったとのことです。それが原因で縄地から谷津に移転したとも伝えられています。

何故不興を買ったような人物を幕府の重要な資金源となる金山に派遣したかは不明です。想像にすぎませんが、もしかしたら家康は日遠を縄地に派遣して鉱山管理を任せた大久保長安を監視させたのかもしれない、と思いつきました。

それが助命の条件だったのかもしれない、と思いました。

それは一時権勢を誇った長安が後に不正を働いたと一族郎党処刑されていることからの着想です。そして役目を果たしたので縄地から谷津に移されたのかもしれないと想像してしまいました。


縄地の金山は江戸時代盛んに採掘が行われ、土肥金山に匹敵するほどの産出量だったそうです。戦後も昭和40年代の後半まで採掘が続けられました。又採掘した金を松の木の下に埋めたという財宝伝説も伝えられています。

今回の巡礼では縄地以外にも金山があり、今は廃坑となっていますが江戸時代には盛んに金山採掘された場所があります。先に紹介した大久保長安の話も縄地以外でも度々耳にしました。


次に行く前にもう少し河津駅近くのお寺をいくつかご紹介させて頂きます。

最初は河津浜の海辺に近い宝林山称念寺です。宗旨は浄土宗です。この寺はかつて伊豆遍路の三十一番札所でした。創建は1175年、曽我兄弟の仇討ちで知られる兄弟の父である河津三郎が創建した寺です。河津の谷津には河津三郎の居住地跡に八幡神社があり、そこには力石を持つ三郎と父の仇を討つ曽我兄弟の像があります。曽我兄弟の話をご存知の方は多いかもしれません。

しかし「河津三郎」の知名度はそれほど高くないと思います。しかしこの方は怪力自慢で相撲が強かったと伝えられています。更に「河津がけ」という技の考案者として今に名を残しています。河津三郎は知らなくても「河津がけ」をご存知の方は多いのではないでしょうか。

次にご紹介するのは乗安寺の近くにある佛法山専光寺です。宗旨は浄土真宗です。こちらのお寺は巡礼の札所ではありませんが、興味深い話を伺いましたのでご紹介させて頂きます。それは初代総理大臣であった伊藤博文がハルビンで安重根に暗殺された時、当時のご住職が現地に赴任されていたそうです。そこで安はご住職の奥様が縫われた白衣をまとって最期の日を迎えた、という話が伝えられています。ところがこれで収まらないのが地元の方で「彼は我々の有志が縫製した白衣をまとった」と主張し、数年前にも調査団が来日し、少しでも当時に近い状況を知る今の住職の母上に聞き取り調査を行ったそうです。ここの寺の宗旨の浄土真宗は私の家の宗旨です。そこで立ち寄った寺で思いもかけない歴史を伺い驚きました。

本題に戻ります。

全国の金山、銀山を管理した大久保長安と関係する寺が次に訪ねる地福院です。

三十七番札所　玉田山　地福院　曹洞宗　賀茂郡河津町縄地

寺は平安時代に創建されたと推測されていますが、正確な創建年代は不明です。当初は真言宗で金生院と称したそうです。江戸時代縄地で盛んに金の採掘が行われていた頃、猿楽師から江戸幕府の老中にまで上り詰め、全国の金山、銀山を統括していた大久保長安がここの金山にも深く関わりました。心願は「家内安全」です。水と温泉は不明ですが、鉱山はそのものズバリで金山です。今は閉山していますが、ご住職が幼少の頃は金の採掘が行われていました。但し、実際に採掘が行われたのは江戸時代で空海の時代ではありません。しかし創建が平安時代で金生院つまり「金が生まれる院」と称していたのですから当時から金山の可能性は知られていたのかもしれません。水と温泉は不明です。ここ縄地にはまだ不思議な出来事がありますが、それは又後半で紹介します。

寄り道です。縄地には金山との関係は不明ですが、下田に抜ける忍者道のような一本道があります。今は整備されていて車の通行が可能です。しかしそれでも一台がやっと通れる幅ですれ違いは無理です。又舗装もされておらず、曲がりくねった道でここを実際通行してみれば私が「忍者道のようだ」と言った理由がお分かり頂けると思います。このようなことも埋蔵金伝説を生む一因かもしれません。

三十八番札所　興國山　禅福寺　曹洞宗　下田市白浜

寺の創建年代は不明ですが、当初は真言宗でした。その後曹洞宗に改宗しています。心願は

三十七番札所　地福院前に掲示された案内板　縄地金山についての説明あり

「世界平和」です。川が近くを流れています。温泉と鉱山は不明です。

三十九番札所　西向山　観音寺　曹洞宗　下田市須崎

寺の創建年代は不明ですが、当初は真言宗として開かれ、場所も今より川上にあったそうです。その後、豊臣氏が滅びた1615年に曹洞宗に改宗されました。心願は「世界平和」です。調査項目について、以前は川上にあったとのことですが、今も近くを川が流れています。その他の温泉、鉱山は不明です。

四十番札所　瑞龍山　玉泉寺　曹洞宗　下田市柿崎

寺の創建年代は不明ですが、16世紀以前は真言宗でした。心願は「世界平和」です。調査項目について海は近いものの水、温泉、鉱山いずれも不明です。

寄り道です。こちらの寺は1856年に米国総領事館が開かれることになります。初代の総領事のハリスに仕えた芸者斎藤吉さんの小説等でも知られています。

四十一番札所　富巖山　海善寺　浄土宗　下田市

寺はご住職から１３５０年の創建と伺いました。そして当初は真言宗だったそうです。そして１５９０年に徳川家康の命により創建の地であった金山がある河津の縄地から下田の地に移転しているとのことです。心願は「世界平和」です。調査項目について海は近いですが、水、温泉、鉱山いずれも不明です。但し、創建の地である縄地では金山が該当します。

寄り道です。先の三十七番札所で「縄地にはまだ不思議な出来事があります」と書いたのはこの寺のことです。縄地にあった寺は１５９０年豊臣秀吉の小田原攻めの時、秀吉ではなく、未だ天下を取っていない徳川家康が移転を命じたというのです。家康は天下を狙う人物ですから縄地の金山について何か考えがあったと思います。真言宗の寺として創建しましたが後に徳川家の信仰する浄土宗に改宗しています。

四十二番札所　大浦山　長楽寺　真言宗　下田市

寺の創建年代は不明です。先の玉泉寺は米国総領事館となった寺ですが、こちらはロシアとの日露和親条約が調印された寺になります。心願は「世界平和」です。調査項目について、海は近いですが、水、温泉、鉱山いずれも不明です。

お寺の方と寄り道です。この寺は日露和親条約が締結された場所です。江戸時代に三重県鈴鹿市の船頭、大黒屋光太夫が当時のロシア領のアリューシャン列島に流された実話、さらにそれを元に伊豆出身の作家井上靖が書いた『おろしや国酔夢譚』の話等をお寺の方と語らせて頂きました。

四十三番札所　乳峰山　大安寺　曹洞宗　下田市

寺の創建年代は不明です。当初は因善寺という真言宗の寺でした。１５９０年に曹洞宗に改宗したそうです。江戸時代に将軍家御用材を運搬中に嵐に遭い、積荷の一部を海に捨てたことを罪に問われ全員が切腹となりこの寺に葬られているとの故事を伺いました。心願は「航海安全」です。水、温泉、鉱山いずれも不明です。

四十四番札所　湯谷山　廣台寺　曹洞宗　下田市蓮台寺

寺の創建年代は不明です。当初は桂昌庵と称する真言宗でした。１６１２年に曹洞宗に改宗しました。心願は「世界平和」です。水は稲生沢川が近くを流れています。又山号に湯谷山とあるように湯量の豊富な蓮台寺温泉があります。ここ蓮台寺には今は廃坑となっていますが、かつて金山がありました。

四十五番札所　三壺山　向陽院　臨済宗建長寺派　下田市河内

こちらは１４０２年に天台宗の寺として創建されています。その後１４９２年に臨済宗に改宗しています。本尊は空海作と伝えられています。ここには石仏があり、これは海上安全・里人の家内安全の祈願所となっているとのことです。心願は「航海安全」です。調査項目ですが、門前に小さな水路が流れていて境内に入るにはここにかかる石橋を通って入ります。温泉と鉱山は不明です。

四十六番札所　砥石山　米山寺　無属　下田市箕作《みつくり》

こちらは７３３年に行基が建立したとされています。いずれの宗派にも属さない寺です。本尊の薬師如来は行基作です。心願は「世界平和」です。調査項目ですが、稲生沢川が近くにあります。温泉と鉱山は不明です。

寄り道です。三十七番札所で、縄地には「忍者道のような下田に抜ける道」とご紹介した道の下田側の出入り口がこの近くにあります。

又「箕作《みつくり》」という地名についてです。伊豆には多くの方が流人として流されています。西暦668年、礪杵道作《ときのみつくり》が伊豆への最初の流刑者としてこの地に流され、それを祭る箕作八幡宮があります。これが「箕作」の地名の由来かもしれません。地名の由来については他に諸説あります。

四十七番札所　保月山　龍門院　曹洞宗　下田市相玉

1099年、保月獄の頂上にあった仏像を、庵を建てて安置したのが始まりで、真言宗であったそうです。近くを流れる稲生沢川に龍が降臨するとのことで名前を龍門寺としたそうです。心願は「身体安全」です。1593年に曹洞宗に改宗し、今に至っているとのことです。調査項目ですが、水は稲生沢川が流れています。温泉と鉱山は不明です。ただ、お堂の下に坑道のようなものを掘った（或いは掘ろうとした）ような形跡があり、何か鉱山開発をしようとした跡かもしれません。

四十七番札所　自然なのか人工なのか不明な、お堂の下の空洞

四十八番札所　婆娑羅山　報本寺　臨済宗建長寺派　下田市加増野

１３２６年に真言宗として開かれた寺です。ある僧が八十一番札所である宝蔵院に

向かう途中この地は霊地であると感じたのが縁となっているとのことです。その後河津にある林際寺住職に随行した僧が臨済宗に改宗しています。心願は「世界平和」です。お寺の方に伺ってみると「かつて金山があったという話を聞いたことがある」とのことです。調べてみると金山ではないですが、マンガン鉱を産出していたことが分かりました。「霊地」と感得したのはこのことなのかもしれません。また稲生沢川が流れていて、少し離れますが横川温泉があります。この温泉は寧ろ四十九番札所に近いと言えます。その条件で良し、とすると調査項目を全て満たしています。

寄り道です。この山号と同じ婆娑羅峠が近くにあり「婆娑羅とは金剛石を意味し、それは今の言葉で言うとダイヤモンドです」と教えて頂きました。「ダイヤモンド峠」それは何を意味するのでしょうか。霊地と感得した通り、ここにダイヤモンドがあるのでしょうか。そうならとっくに掘り出されているでしょう。ある方が「山中で人が少ない場所に人を呼び寄せるためにそのような名称としたのかもしれない」と言われました。古くはこの地は「姥捨《うばすて》」と呼ばれていたそうです。

四十九番札所　神護山　太梅寺　曹洞宗　下田市横川

１０４６年に真言宗の寺として創建されました。その経緯が四十八番札所と同じくここを「霊地」と感じて開山されました。その後変遷があり、１５５７年に曹洞宗に改宗されました。心願は「世界平和」です。四十八番と四十九番札所は比較的近くにあります。それがきっかけかは別にして共に「霊地」と感得して開山したのです。何かこの付近には霊気を感じさせるものがあったのでしょうか。それは調査項目の例えば鉱山と一致するのでしょうか。先にも説明しましたが、こちらは住所が横川ですから横川温泉があります。また少し奥に観音温泉もあります。温泉は鉱山開発の副産物として発見されることもあると聞いたことがあります。温泉が豊富にあるということは何か鉱物が産出した可能性がありますが、現時点で鉱山は不明です。川は稲生沢川とその支流の横川があります。

五十番札所　古松山　玄通寺　曹洞宗　賀茂郡南伊豆町一條

以前は別の場所にあったそうですが、度重なる火災で記録を失っており、創建年代等は不明です。ただ開祖は玄翁《げんのう》心昭によると伝わっており、彼は１３９６年に入寂とされているのでそれ以前ということになります。心願は「世界平和」です。

ご住職がおられないのでここでお話を伺うことは出来ませんでしたが、他の方からかつてここの裏山に銅山があったと教えられました。しかしその鉱毒が近くを流れる一条川から近隣の田畑に入り作物が実らなくなり、昭和の終わりから平成の初めの頃に農家の方が耕作を放棄されたと教えて頂きました。温泉は不明です。

寄り道です。大工道具の「玄能《げんのう》」をご存知でしょうか。槌のように叩くものです。それを「玄能《げんのう》」と呼ぶのはこの寺の開祖玄翁《げんのう》和尚から来ているそうです。その「玄能《げんのう》」の謂れとなった方が伊豆に寺を開いていたのです。これも遍路で辿ったからこそ得られる情報だと思います。

五十一番札所　青谷山　龍雲寺　曹洞宗　賀茂郡南伊豆町青市

こちらは1248年に真言宗の寺として開山しています。16世紀の後半に曹洞宗に改宗しています。心願は「世界平和」です。調査項目はいずれも該当しません。ただ、地名の青市の「青」は製鉄の材料の砂鉄を意味する真砂を隠した言葉とも言われます。当時は砂鉄による製鉄と縁があった可能性があります。山号にも青谷山と「青」が含まれています。ただ具体的には水、温泉、鉱山いずれも不明です。

五十二番札所　少林山　曹洞院　曹洞宗　下田市大賀茂

寺は再度の火災により創建他一切が不明です。ただ空海修行の霊地であり、元は真言宗の寺でした。1525年に曹洞宗に改宗しています。寺の境内裏に空海が掘り当てたと伝えられる池が二つあります。山の上にある池ですが、日照りでも涸れたことがないそうです。堂内から案内して頂き、この池で詠んだと伝えられる源頼朝の句が紹介されていました。心願は「世界平和」です。調査項目の水は境内に池がありますす。温泉と鉱山は不明です。

五十三番札所　佛谷山　寶徳院　曹洞宗　下田市吉佐美

寺は858年に天台宗の僧が中国の寺から帰朝の際、千体仏を積んだ船がここ吉佐美に遭難して打ち上げられそれを安置するために創建されたそうです。心願は「航海安全」です。この千体仏の一つである不動明王は源頼朝が深く尊崇していたそうです。創建の由来から調査項目は対象外です。

五十四番札所　浦岳山　長谷寺　曹洞宗　下田市田牛《とうじ》

寺は8世紀に行基が開祖と伝えられており当初は真言宗でした。その後1545年に現在の名称に変更し、更に1655年に曹洞宗に改宗しています。本尊仏は1180年に田牛村岳浦に漂着したものとされます。心願は「航海安全」です。調査項目については行基開山とのことで鉱山に関心を持ちましたが、海が近くにあるものの水、温泉、鉱山いずれも不明です。

五十五番札所　飯盛山　修福寺　曹洞宗　賀茂郡南伊豆町湊

寺の創建年代は不明です。当初は奈良にある当時真言宗であった寺の別院として開かれました。当初は場所が南伊豆町青市でした。既にご紹介していますが、青市の青は製鉄の材料である砂鉄の真砂を意味する言葉です。創建当初は製鉄と関係があったかもしれません。1534年に現在の寺号に改め曹洞宗となりました。心願は「世界平和」です。調査項目は今の場所では水、温泉、鉱山いずれも不明です。

五十六番札所　養珠山　正善寺　曹洞宗　賀茂郡南伊豆町手石

寺の創建年代は不明です。古くは詳善寺と称し、真言宗の寺でした。17世紀半ばに曹洞宗に改宗しています。心願は「世界平和」です。調査項目ですが、近くを青野川が流れています。この青野の「青」は先に説明の通り、真砂を意味する言葉です。温泉と鉱山は不明です。

五十七番札所　東海山　青龍寺　臨済宗建長寺派　賀茂郡南伊豆町手石

寺は1225年に開山されました。その後火災に遭い一切を消失したため詳細は不明です。心願は「家内安全」です。調査項目ですが、こちらも五十六番札所と同じく近くを青野川が流れています。こちらは下流なのでより海に近い場所にあります。又寺号が青龍寺と「青」を含むので製鉄と縁があった可能性があります。しかし温泉、鉱山の具体的内容は不明です。

五十八番札所　稲荷山　正眼寺　臨済宗建長寺派　賀茂郡南伊豆町石廊崎

寺は1351年に臨済宗の寺として開山されています。心願は海に近いので「航海安全」です。調査項目ですが、水、温泉、鉱山いずれも不明です。

五十九番札所　瑞雲山　海蔵寺　臨済宗建長寺派　賀茂郡南伊豆町入間

寺の創建年代は不明ですが、元はこちらではなく、仲木地区にあったそうです。当時の宗旨は天台宗でした。16世紀半ばに今の地に移され臨済宗に改宗されました。こちらの寺には大蛇伝説が伝えられているそうです。心願は「世界平和」です。調査項目ですが、仲木地区ですと近くに川がありますが、今の場所では水、温泉、鉱山いずれも不明です。三十三番札所で海の間際にある寺をご紹介しましたが、南伊豆にある海際の寺ももしかしたら水難者を弔っていたのかもしれません。

六十番札所　龍燈山　善福寺　真言宗　賀茂郡南伊豆町妻良

寺は幾度か災害に遭い、創建年代等の記録が不明です。行基作と伝えられる不動明王、薬師如来が合祀されています。心願は「世界平和」です。調査項目ですが、海の近くにあります。水、温泉、鉱山は不明です。

六十一番札所　臥龍山　法泉寺　曹洞宗　賀茂郡南伊豆町立岩

寺は災害に見舞われ創建年代等は不明。当初は真言宗の小庵だったそうです。１６２年に曹洞宗に改宗しています。心願は「世界平和」です。調査項目ですが、近くを青野川の支流二条川が流れています。温泉と鉱山は不明です。

六十二番札所　石屏山　法伝寺　臨済宗建長寺派　賀茂郡南伊豆町二條

寺の創建年代は不明です。当初は大窪にあり真言宗の寺であったそうです。大窪の場所を調べたところ今は伊浜と呼ばれる地にかつて字大窪という地名があったようです。波勝崎の東に位置する海寄りの場所のようです。正確な寺の場所は不明ですがこちらですと近くに川が二本流れています。17世紀に現在の地に移され臨済宗に改宗しました。心願は「世界平和」です。調査項目ですが、今の場所では、水、温泉、鉱山いずれも不明です。

六十三番札所　五峰山　保春寺　曹洞宗　賀茂郡南伊豆町加納

寺の創建年代は不明ですが、15世紀後期から16世紀前半と推察されています。当初は真言宗でした。後に曹洞宗に改宗されています。心願は「世界平和」です。
近くを青野川の支流の二条川が流れています。温泉と鉱山は不明です。

六十四番札所　金嶽山　慈雲寺　曹洞宗　賀茂郡南伊豆町下賀茂

寺の創建年代は不明です。当初は慈雲院と称し、真言宗の寺だったそうです。16世紀半ばに曹洞宗に改宗したそうです。心願は「世界平和」です。調査項目ですが、近くを青野川が流れています。下賀茂温泉があります。又山号に「金」の文字が入っています。製鉄の可能性を思わせる「青野川」と金山を想起させる「金」ですが、詳細は不明です。

寄り道です。寺の境内の池に住み毎日和尚のお経を聞いていたガマ蛙が青野川の氾濫で流され、辿り着いた先でお経のおかげで人間に姿を変えたとの話が伝えられています。その後功徳のお礼に手作りの袈裟を奉納されたそうで、その袈裟は今も寺宝として保存されています。

六十四番札所　和尚の読経を聞いたおかげで人間になったガマ蛙がお礼に納めた袈裟が今も寺宝として保存されている寺

六十五番札所　田村山　最福寺　曹洞宗　賀茂郡南伊豆町上賀茂

寺は１５００年に創建されました。当初は戒律を厳しく守る律院でした。後に田村将軍と言われた坂上田村麻呂の末裔田村正広が田村将軍を祀り信仰していた普済庵の観音像を本尊としました。後に律院を廃して曹洞宗に改宗し、寺号を最福寺としました。心願は「世界平和」です。調査項目は近くを青野川の支流である一条川が流れています。温泉と鉱山は不明です。

六十六番札所　波次磯山　岩殿寺　真言宗　賀茂郡南伊豆町岩殿

寺は976年に創建されています。北条氏の庇護を受け境内も広く隆盛を保っていたそうですが、それは地名に寺の名が残されていることからも分かります。心願は「世界平和」です。調査項目ですが、近くを青野川が流れています。またかつて山の上に銅山があったそうです。それが五十番札所と同様川に流れ込み問題になったことがあったそうです。温泉は不明です。

寄り道です。隆盛を誇った寺ですが、今は無住の寺となっています。そのきっかけかと思われるのが1590年の豊臣秀吉の小田原攻めです。この時三島にある寺は焼き討ちに遭いました。いかに北条氏の庇護が厚かったとは言えこの南伊豆の寺まで何故焼き討ちしたのか不思議でした。御朱印を頂くべく寺役管理されておられる方に連絡し、お越し頂きました。すると当時その方の家屋敷や畑も焼かれてしまったと言う貴重なお話を伺えました。後にある方から「それは行軍を恐れたのではなく水軍を警戒して焼き討ちしたのではないか」とのお話を伺い納得しました。確かに陸路での参戦は困難ですが、水路であれば小田原或いは下田まで援軍をたやすく送ることが出来ます。

六十七番札所　太梅山　安楽寺　曹洞宗　賀茂郡南伊豆町上小野

寺の創建年代は不明です。以前は法境山祥安寺と称する真言宗の寺でした。1555年に曹洞宗に改宗されました。心願は「世界平和」です。調査項目ですが、近くを青野川が流れています。温泉と鉱山は不明です。

六十八番札所　盧岳山　東林寺　曹洞宗　賀茂郡南伊豆町下小野

寺の創建年代等は不明です。16世紀末に小庵が結ばれたものを1600年に曹洞宗の寺としたものです。青野川を見下ろす高台にあります。

心願は「世界平和」です。調査項目は水は、青野川、温泉と鉱山は不明です。

六十九番札所　塔峰山　常石寺　曹洞宗　賀茂郡南伊豆町蛇石

寺は16世紀末の創建です。寺の地名にもなっている蛇石と呼ばれる岩が近くの青野川にあり、大蛇伝説と共に伝えられています。砂鉄の存在を想起させる青野川に大蛇伝説と何か係わりがあるのでしょうか。今回は詳しいことは分かりませんでした。心願は「世界平和」です。水は青野川です。温泉と鉱山は不明です。

寄り道です。賀茂郡という地名は「カモ族」がこの地に来て先住民を追い払って定住したことからつけられたと説明する資料があります。彼らは製鉄に力を入れたと説明されているのでそれと何か係わりがありそうです。それと創建年代が不明の寺が多いのもこの地区の巡礼寺の特徴です。

七十番札所　医王山　金泉寺　浄土宗　賀茂郡南伊豆町子浦

寺は１６４４年の創建とのことですが、それ以外の詳細が一切不明です。心願は海に近いので「航海安全」です。水、温泉、鉱山いずれも不明です。

寄り道です。寺が建立された１６４４年と言えば江戸時代です。１６３９年にはポルトガル船の来航が禁止され、1641年に平戸商館が長崎出島に移転されています。想像に過ぎませんが、ここは海の近くにあります。それも高台ではなく海面の近くです。このような出来事と関係があるならば、風待ち港として良港な妻良の海上防衛と安全確保という趣旨もあったかもしれません。何故なら浄土宗は徳川家の宗旨だからです。

七十一番札所　翁生山　普照寺　真言宗　賀茂郡南伊豆町伊浜

寺は793年に創建されたと伝えられています。ご本尊は行基作と伝えられています。海を見下ろす高台にあります。先の妻良、子浦は風待ち港として栄えていたそうです。ここには転ばし地蔵があり、それを蹴ると海が荒れるという言い伝えがあると伺いました。心願は「航海安全」です。調査項目ですが、水と温泉は不明です。しかしお寺の方からかつて近くの長者ヶ原に鉄鉱山があったという話を聞いたことがあると伺いました。

寄り道です。京都や静岡にある地名「カモ」は中国系と伝えられる「カモ」一族から来ているという説があります。そのカモ一族は静岡では伊豆の南から北上していることからも最初の到達地近郊で川から砂鉄を採取して製鉄に従事した可能性は十分にあると思います。そしてそれを聞いた僧侶がその地を訪ね歩いて寺を開山したかもしれないと、想像が膨らみます。鉄器を用いて先住民を駆逐したカモ一族ですが、山に追いやった者を「天狗」と呼び、水辺に追いやった者を「河童」と呼んだとの説があります。

七十二番札所　黒崎山　禅宗院　曹洞宗　賀茂郡松崎町石部

寺の創建年代は不明です。今も海の近くにありますが、以前は更に海寄りにあり、17世紀後半に今の地に移されたようです。心願は「航海安全」です。調査項目ですが、近くを山道川が流れています。また今はありませんがかつてこの地にはぬる湯があったと伺いました。鉱山は不明です。

七十三番札所　霊鷲山　常在寺　臨済宗建長寺派　賀茂郡松崎町岩科南側

こちらには昔から小さな釈迦堂があったそうです。１４２９年に立ち寄った僧が常在寺として臨済宗の寺としました。心願は「世界平和」です。調査項目ですが、岩科川が流れています。温泉は松崎温泉が湧くのか不明です。鉱山も不明です。

七十四番札所　嵯峨山　永禅寺　臨済宗建長寺派　賀茂郡松崎町岩科北側

寺は1167年に永善寺として創建され、真言宗として開かれました。その後1364年に永禅寺と改め臨済宗となったそうです。心願は「世界平和」です。調査項目

七十四番札所　嵯峨山　永禅寺　無住の寺のため、夜間の猪侵入を防ぐため、山門が鉄柵で封印されていますが、人は開封して出入り可能です

ですが、境内の裏手に池があります。お寺を手伝いにこられていた方からかつて近郊で白銅を産出したと聞いたことがあると伺いましたが、詳細は不明です。温泉は松崎温泉がここに湧くかは不明です。ここまで多くの出兵者や戦争の犠牲者の石碑や忠霊塔があり、合掌していました。しかしここは境内ではなく、本堂の上に出征者の写真が何枚も貼られていました。1枚1枚に合掌したものか戸惑いました。

寄り道です。空海が一時近くの行場である閻魔真行で修行したそうです。しかし農地からの肥料の臭いが漂うことや谷の深さが足りない等を理由にここを立ち去った後に高野山を開いたと伝えられています。以前は閻魔真行に空海の像が祀られていたそうですが、その像は今ここ永禅寺に納められています。

七十五番札所　岩科山　天然寺　浄土宗　賀茂郡松崎町岩科北側

寺は1468年に創建されました。その後川の洪水で流失し、再建されました。堂内には故事来歴が豊富だと思われる物が無造作にあちこちに置かれていて圧倒されました。心願は「家内安全」です。調査項目は近くを岩科川が流れます。松崎温泉があります。鉱山は不明です。

七十六番札所　清水山　浄泉寺　浄土宗　賀茂郡松崎町松崎

寺は１４１４年開山です。山号、寺号は敷地内に清らかな水が湧き出るところからつけられたようです。心願は「世界平和」です。調査項目ですが、近くを岩科川が流れています。松崎温泉があります。鉱山は不明です。

七十七番札所　文覚山　円通寺　臨済宗建長寺派　賀茂郡松崎町宮内

寺は１１７９年創建です。当初は妙智山円通寺という真言宗だったそうです。空海作と伝えられる観音像を安置したそうです。14世紀半ばに臨済宗に改宗しています。山門に入ろうとして驚きました。それと言うのも石段に倒木があるように見えたのですが、近づくと倒木ではなく、木が石段を覆うように水平に伸びているのです。これでは石段から山門はくぐれません。心願は「世界平和」です。調査項目ですが、那賀川が流れています。この寺は無住でお話を伺えなかったので温泉は松崎温泉があるか不明です。鉱山も不明です。

七十八番札所　祥雲山　禅海寺　臨済宗建長寺派　賀茂郡松崎町江奈

寺は１１９２年の創建だそうです。創建時から臨済宗の寺です。本堂は何度も火災に遭い、古い資料は消失しています。心願は「世界平和」です。住職と会えなかったのでここでは調査項目の水、温泉、鉱山はいずれも不明です。

寄り道です。伊豆巡礼地を地図で見ると各地に点在していますが、伊豆の南西地方に多く集中していることが分かります。更に創建の由来が不明の寺なども多く、もしかするとカモ一族が先住民を追いやる鉄器の製鉄のために創建されていた寺があるかもしれません。

七十九番札所　曹源山　建久寺　臨済宗建長寺派　賀茂郡松崎町建久寺

寺の創建は12世紀末のことですが、１５０７年に焼失してしまい詳細は不明です。心願は「家内安全」です。近くに那賀川が流れています。温泉、鉱山は不明です。

八十番札所　萬法山　帰一寺　臨済宗建長寺派　賀茂郡松崎町船田

寺は1301年に一山一寧が開山したものです。この開祖の一山一寧は日本人ではありません。鎌倉幕府の時二度、日本を襲撃した元寇が終わった後、再度日本に降伏を求める使者として元から派遣された中国人の僧なのです。前回の使者は死罪としました。

しかし一山は高僧であったため、幕府は扱いに窮します。そこで協議の上修善寺に流罪としました。その後鎌倉の建長寺等で任を務め、ここ松崎に寺を開いたのです。ご住職によればこの地は当時修善寺から南下する道と下田と松崎を結ぶ街道が交差する地で要衝であったため、この地を選んだのだろうとのことでした。心願は「世界平和」です。調査項目の水は近くに那賀川があります。温泉は少し離れますが大沢温泉があります。鉱山は不明ですがこの大沢という名称の「大」が砂鉄を意味する真砂が隠された言葉です。

八十一番札所　富貴野山　宝蔵院　曹洞宗　賀茂郡西伊豆町大沢里

寺は西暦800年、空海27歳の時に創建した寺と伝えられています。更に830年空海57歳の時に再度こちらを訪問し、修行しています。伊豆巡礼のことを話すと真っ先にここを挙げられる方が複数おられました。多分一番の難所だと思います。車で頂上まで登れるのですが、その距離が半端ではありません。一車線ですれ違えないような細い未舗装の道を何キロも登るのです。そんな場所ですが、「ここは空気が違う」という方もおられます。静寂な森ですが、海を望むことが出来ます。心願は「世界平和」です。調査項目ですが、水、温泉ともにありません。鉱山に関しては「かつて奥に鉄鉱石が産出したと聞いたことがある」という話を聞きました。地名の大沢の「大」は砂鉄を意味する真砂が隠された言葉です。又山号の富貴野も製鉄と関連のある称号だそうです。

寄り道です。空海が伊豆で強い関心を持っていたと思われる寺はここ八十一番札所宝蔵院、七十四番札所永禅寺近くの行場、八番札所の益山寺、そして八十八番札所修禅寺のいずれかであったのではないかと思いました。

八十二番札所　大悲山　慈眼寺　臨済宗建長寺派　賀茂郡西伊豆町一色

こちらは15世紀末に建立された寺です。詳細は不明です。

心願は「世界平和」です。調査項目ですが、近くを仁科川が流れています。ご住職がおられない寺でしたので温泉と鉱山は不明です。

ここでお寺の中で寄り道です。ここには赤穂浪士で討ち入り後ただ一人泉岳寺に行かず83歳の長寿を全うした寺坂吉右衛門のものと伝えられる墓があります。本堂の右斜め前にある墓地の中で頭に赤い帽子を被ったように見えるのが彼の墓と言われています。そしてその左に墓よりも大きな塚がありますが、これは供養塔とも或いは彼の付き人の墓ともいわれています。伝承によれば、地元の有志が彼を庇護したと伝えられています。

それにしても日本三大仇討ちの二つにゆかりのある場所が伊豆にはこの赤穂浪

八十二番札所　赤穂浪士の寺坂吉右衛門のものと伝えられる墓、右の小さい塚が寺坂の墓とつたえられています

士と曽我兄弟の物語と二つあります。今までもこの巡礼で旅行ガイドではなかなか出会えない伊豆を知ることが出来ました。こうしてみると伊豆は「隠れた歴史の宝庫」かもしれない、と思いました。

八十三番札所　照嶺山　東福寺　臨済宗建長寺派　賀茂郡西伊豆町中

寺は１２３３年に真言宗の寺として創建されました。その後１３９５年に臨済宗に改宗されています。場所も当初の創建時から移転しています。心願は「世界平和」です。調査項目ですが、近くを仁科川が流れています。温泉と鉱山は不明です。

八十四番札所　正島山　法眼寺　臨済宗建長寺派　賀茂郡西伊豆町仁科

こちらは創建時に法眼院と称していたそうですが、詳細は不明です。

１４４４年に寺にしたらしいと伝えられています。海が近くにあり、何度か海水に浸かって大変な目に遭ったそうです。心願は「家内安全」です。調査項目をお伝えすると仁科川の上流でかつてアルミの採掘が行われていたと教えて下さいました。調べてみると第二次大戦で物資が不足して急遽採掘が行われたが産出量も少なく戦後閉山されていました。仁科川と温泉があります。

八十五番札所　授宝山　大聖寺　臨済宗円覚寺派　賀茂郡西伊豆町安良里

こちらは14世紀半ばに真言宗の寺として創建されたそうです。

その後臨済宗に改宗しています。本殿の横に地元の漁師の方の作と言われる聖徳太子像があります。心願は「世界平和」です。調査項目ですが、寺の近くに小川が流れています。水は豊富な印象です。温泉と鉱山は不明です。ただ山号の「宝を授かる」は何か鉱山と縁があるように思えます。

＊こちらの寺は２０１９年6月現在、八十八ヶ所遍路から外れています。

八十六番札所　吉祥山　安楽寺　曹洞宗　伊豆市土肥

寺は言い伝えによると６６３年に行基が自ら彫った如来像を安置したのが始まりとのことです。心願は「心願成就」としました。調査項目ですが、こちらの寺の境内には豊かに水を湛えた池があります。そして山門の脇には土肥温泉発祥の湯と言われる「まぶ湯」があります。今は入浴できませんが、この湯は「医王泉、砂金風呂」と呼ばれているそうです。医王泉と言うことについて、この湯につかると病が治るという夢を見て病が治ったとの言い伝えを伺いました。また、ここは元々金鉱を掘り当てようとしたら温泉が湧いたとの言い伝えも教えて頂きました。実際この寺の奥の山では金鉱山が掘られていたそうです。

巡礼も残り少なくなって「寺の近郊」ではなく、「寺」そのもので調査項目全てが完結する寺がある札所に出会いました。又温泉は鉱山開発の副産物との伝承もここで確認出来ました。まぶ湯の奥には女性をかたどったご神体があり、これも鉱山開発を意味するという伝承に合致します。鉱山開発に従事する方は事故等で犠牲となる方が多く、それで「生命」誕生に関わる箇所をご神体としたとの説もあるとある方から伺いました。改めて事前に設定した調査項目が巡礼と合致していることを確認しました。ここ土肥は江戸時代に全国でも有数の規模を誇った金山があり、その跡地が公開されています。又近くには天正金鉱の跡も公開されています。

八十七番札所　専修山　大行寺　浄土宗　沼津市戸田《へだ》

寺は1567年に浄土宗の寺として創建されています。心願は「世界平和」です。お寺の方に伺うと「徳川家の宗旨は浄土宗なのでこの寺は創建時から浄土宗であるので江戸時代に成立した伊豆遍路に加えられたのではないか」とのことでした。調査項目ですが、近くを戸田大川が流れています。また近年温泉も発見され近くの道の駅「くるら戸田《へだ》」で日帰り温泉を楽しむことが出来ます。鉱山は不明です。

八十八番札所　福地山　修禅寺　曹洞宗　伊豆市修善寺

寺は807年に空海が建立したのが創建と言われています。その後曹洞宗に改宗されています。心願は「世界平和」です。調査項目ですが、近くを桂川が流れています。温泉は空海が独鈷の湯を掘り当てたとして知られています。八十六番札所で金鉱を掘ろうとして温泉を掘り当てたことを彷彿させてくれる逸話です。

又五番札所で子供の頃金山が見えた、とお寺の方が言われたのがこの近くにある大仁金山です。大仁はかつて修善寺町でした。金山開発は江戸時代の事ですが、それでもこの地を選んだことには意味があったのだろうと推察します。

寄り道です。伝承によれば空海は修禅寺建立以前の18歳の時に修禅寺から約5㎞離れた桂谷の山寺で修行したとも伝えられています。そちらは修禅寺奥の院正覚寺です。こちらには阿牛の滝と呼ばれる滝があります。

これで八十八ヶ所遍路と寄り道は終了しました。しかし最後にもう一つご紹介します。それは満行山航浦院です。ここはかつて八番札所でした。宗旨は臨済宗円覚寺派です。場所は沼津市西浦江梨です。西伊豆から海に突き出した大瀬崎の途中です。突端には海の間近なのに淡水の神池があるところです。

＊ここは2019年6月現在先の大聖寺に代わり八十五番札所となっています。

結願の八十八番札所の本堂前で撮影

巡礼の最後、旧八番札所に向かう途中で駿河湾の海からそびえているように見えた富士山

ここに向かう途中、対岸に雲が低くかかり、その上にまるで富士山が海上から忽然《こつぜん》とそびえ立つように見えました。今まで多くの富士を目にしてきましたが、海上に直接浮かび上がるように見えたのは初めてだったので大変驚き感動しました。

この光景を二番札所の弘道寺から山越しに見えた富士山を「ヒマラヤより美しい」と言ったと伝えられるハリスが見たらどう表現したでしょうか。

第二章　空海と伊豆遍路と鉱山

資料を元に現在真言宗の寺だけでなく、かつて真言宗であった寺を数えると八十八寺の内四十九寺が該当します。全体の半数を上回ります。更に、火災や災害で資料が一切ない寺の中には真言宗で創建された可能性のあると思われる寺があります。例えば伊豆中部の修善寺近郊にある七寺を見てみます。その内五寺が該当し、五番札所の一寺が不明の寺です。この寺は真言宗だったかもしれません。何故ならご住職が「子供の頃金山跡が見えた」と話された寺だからです。

二番札所も詳細が不明です。ここは狩野川、湯ヶ島温泉、湯ヶ島金山で全て一致します。ここもかつて真言宗だった可能性があるかもしれません。

東海岸にも複数の寺があり、三十一番札所で白田川、白田温泉、鉱山（硫黄）全て一致しました。

縄地の金山の地には真言宗の寺が二寺ありましたが、一つは徳川家康の命で下田に移転し、浄土宗に改宗しています。残された三十七番札所は金山に深く関わりました。

下田では蓮台寺にある四十四番札所が稲生沢川、蓮台寺温泉、蓮台寺金山で、全て満たしました。四十八番札所でも「かつて金が産出された」と伺いましたが確認出来ませんでした。しかし近くでマンガンを産出していたらしいことはわかりました。

南部にある寺は川沿いに建てられている印象があります。砂鉄を採取し、製鉄をしていた可能性がありますが、具体的な話は伺えませんでした。六十六番札所では銅を産出していたと伺いました。又七十一番と八十一番札所ではかつて「鉄鉱石」を産出していたと聞いたという話を伺いました。

江戸時代隆盛だった土肥金山周辺には真言宗の寺はありません。

それは今も真言宗である寺だけでなく、真言宗から改宗した寺もないのです。

更に言えば、他の宗派の寺もありません。ここに唯一ある遍路は八十六番札所です。

ここは、行基が土肥温泉発祥の地に寺を建立しています。これが他宗を含め唯一の巡礼寺です。しかもここは今回の巡礼で唯一、寺内で水、温泉、鉱山全てが完結した寺です。

このように金山を含む鉱山と関わりのある寺が多くあります。しかしいずれも共通点があります。それは製鉄は不明ですが、それ以外の金山、銅山等は空海の時代には採掘されていないということです。それなのに平安時代に創建された縄地金山のある三十七番札所の山号が金生院「金が生まれる院」とはまるで「この付近に金がある」と教えているようです。理由はわかりませんが不思議に思います。

最後に偶然なのか意図的なのかは不明ですが、以下が分かりました。

初めの一番札所と結願の八十八番札所が該当します。更にいずれも空海開祖です。また衰退した伊豆遍路復活の資料が発見された六番札所、二十一番札所、二十八番札所全て真言宗が発祥です。今も真言宗であるのは六番札所です。二十一番札所は空海開祖と言われますが今は臨済宗妙心寺派です。二十八番札所の開祖は空海ではありません。今の宗派は曹洞宗です。この三寺が全て真言宗発祥と知り、空海が「伊豆遍路を絶やしてはならない。宗派を超えてこれを実現するように」との願いを実現させてしまったのではないか、と身が震えました。

第三章　遍路を終えて思うこと

これで遍路と、それに伴う簡単なまとめは終了しました。

遍路自体が初めてでしたので分からないことだらけでした。それでもこうして巡ってみると多くの方に情報を提供して頂き、色々と分かってくることがあります。途中で出会った方から「賽銭」は遠くから投げるのではなく、静かに手で箱に収めること。「けさ」は用足しに行く時は外すこと。白衣等参拝の服は参拝以外の食事時等は脱衣すること等の作法を教わりました。

伊豆遍路の寺の宗旨は当初真言宗の寺が多くありました。それが鎌倉幕府成立後は他の宗派に改宗する流れが起こります。江戸時代に入ると徳川家の菩提である浄土宗が入ります。その間、戦国時代には豊臣秀吉の小田原攻めで城だけでなく、寺や民家が焼き討ちに遭い、資料を喪失するという事態も経験しています。その焼き討ちは北条氏が庇護した南伊豆の寺にまで及んでいました。

伊豆は河川が多く水量が豊富と思われますが、それでも十四番札所で水を巡る争いがあったことを教えて頂きました。

初めに空海が四国でため池を整備したことから「水」を調査項目にしました。しかし伊豆遍路を終えると、ため池が作られたのはここだけでした。

今は曹洞宗ですが、創建当初は真言宗で空海作と言われる延命地蔵菩薩を本尊としているので何か関係があるのかもしれません。

三番札所も水が乏しかったと伝えられていますが、天狗が願いを聞き入れて水が豊かな地になったと伝えられており、ため池は造られていません。

遍路を終えてみると「水」主に「川」は、用水路ではなく、砂鉄採取が目的だったのではないかと思えてきました。つまり昔は今のような製鉄技術はなく、砂鉄が採れる場所で製鉄を行い、砂鉄が採れなくなると場所を移動したそうです。ですから同じ川のほとりに沿うようにいくつもの寺院が建立されたのかもしれません。

又八十一番札所のように今でも登るのが大変な山上の奥でかつて鉄鉱石が産出したということもあったということであれば、山でも鉄を探した可能性はあると思います。ここも空海が27歳で建立し、その後57歳の時、再び訪れています。しかし考えてもいなかった砂鉄を用いた製鉄が盛んだったのであれば、もしかすると空海や行基達はそれらを求めて伊豆遍路をしたのかもしれないと思いました。

「鉱山」を遍路の調査対象にした時、念頭にあったのが「金山」でした。

実際土肥、縄地といった有数の金山がありましたし、それ以外にも湯ヶ島、蓮台寺、大仁（修善寺）等に金山があったこと。また、より規模の小さな金山があった可能性もあることを三十番札所他で知りました。三十一番札所ではかつて近くで硫黄を採掘していたと聞き、驚きました。他にも五十番札所や六十六番札所近郊に銅山があり、その鉱毒が川に流れて農作物に影響があったことも知りました。八十六番札所では調査項目全てが寺の中で完結していることを知りこれも新しい発見でした。更にこちらでは温泉は鉱山開発の副産物という言い伝えも実証しているのです。

そして八十八番札所では興味深い事実に気づきました。

ここは空海が温泉を発掘したことが伝えられており、かつて修善寺町だった大仁に江戸時代に金山があったことです。空海は18歳の時、修禅寺よりも奥の「奥の院」で修行をしていました。そこに滝はありますが、温泉も鉱山もありません。そして33歳で修禅寺を建立しています。それは正に「温泉を掘り当てた」からそこに寺を建てたと考えてしまうのです。

又これは当初考えていなかったことですが、今まで知らなかったことが伊豆遍路で新たに知ることが出来たものがありました。

例えば二番札所には初代米国総領事のハリスが宿泊した当時の椅子や案内の看板の実物が残されていたこと。二十一番札所では終戦の玉音放送の文面を進言した住職がおられたこと。二十八番札所には源頼朝が腰かけたと言われる岩が残されていること。三十五番札所では悪さをする河童が命を救ってもらったお礼に持参した壺が寺宝として保存されていることは本文で紹介しました。これは河津川でのことです。これに対し巡礼とは直接関係がないので、本文では紹介しませんでしたが、天城を境に北上して太平洋に注ぐ狩野川では河童は川を守り、田植えを手伝う守り神として敬愛されていることを函南の道の駅を訪ねて知りました。更に五十番札所では開祖の玄翁《げんのう》が大工道具の「玄能《げんのう》」の謂れであることも発見でした。八十二番札所に赤穂浪士の一人と伝えられる方の墓があることを今回の巡礼で知ることが出来ました。どれも旅行ガイドでは知ることが難しいと思われることとの発見でした。

私は今回の遍路を自分の車で回りました。もし車を利用されるのでしたら小型車をお勧めします。細く曲がりくねった道が多くあるからです。徒歩や自転車で回られる方に注意して頂きたいことがあります。それは野生動物、特に猪、猿、鹿と普通に出会うことがあることを承知しておいて頂きたいのです。私も猿と遭遇しましたが車でしたので襲われませんでした。猿はこちらを向いて牙を出して威嚇するように声を出していました。これは車でも注意が必要なことでもあります。

見通しの悪い道路で角を曲がった先に猪や鹿がいることがあります。安全運転でお願いします。又猛禽類と思われる鳥が道路上のマムシを攻撃している場面にも出くわしました。鳥は私が近づくと空に逃げましたが通り過ぎると再び舞い降りてマムシを攻撃していました。鳥が優勢だったのだと思います。昆虫も沢山います。そこで夏でも薄手の長袖の用意をされると良いです。また伊豆は天候が急変します。晴天であっても数十分で雨が降り出すことがあります。念のため雨具をご用意下さい。

道は未舗装の林道もあります。場所によっては落石の可能性のある場所もあります。

雨上がりには注意が必要です。商店の少ない場所もあるので、水分補給飲料もご用意下さい。

伊豆遍路は四国の遍路に倣って八十八ヶ所あります。江戸から近く、空海ゆかりの寺があることから江戸時代に成立したと言われています。それがいつしか忘れられましたが、かつての資料が発見され復活しました。

ただ四国の遍路のように施設や制度が整っておらず、住職がおられない寺もあります。それでも遍路を辿れば、知らなかった伊豆を知ることが出来ると思います。

今、伊豆半島を南北に走る伊豆縦貫自動車道が盛んに建設されています。人跡未踏の地に重機が入り工事が進められています。もしかしたら将来どこかで新しい温泉や鉱山が発見されるかも知れない。そんなことに思いをはせています。

それこそがもしかしたら空海が願ったことなのかもしれない、と考えています。遍路は「同行二人」と言われ空海と共に辿ると伝えられています。

最後の寄り道

ここで調査項目とは異なりますが、実際の体験をご紹介させて頂きます。伊豆遍路の寺には戦争に出征した兵士やその犠牲者を弔う石碑が多くあり、気付くと合掌しました。戦争の犠牲者を弔う石碑があった三番札所で読経をあげようとしたら突然後ろから襲われそうな気配を感じ怯んで振り返ると何もありません。不思議に思いましたが、そのまま遍路を続けました。七十四番札所は住職が不在でした。日を改めて立ち寄ると法事が行われており、住職ではなく、寺の世話役の女性がおられました。そこで遍路をしていると伝え本堂に上げて頂きました。本堂には戦争に出征された方々のお写真が祀られていました。それまで出征者や戦争の犠牲者の碑は境内に設けられていました。しかし、ここでは出征者の写真が本堂の上に何枚も祀られていました。一人一人のお写真に合掌すべきかと考えた時、私はそれまでこらえていた平和への思いが沸き上がり、初対面の方であるのにそれを伝えました。

娘が鹿児島出身の方と結婚しました。披露宴で新郎の母親が「母（新郎の祖母）が戦争中に知覧《ちらん》の特攻基地の気象台に勤務しており、『夕方兵隊さんが明日の天気を聞きに来て、明日は雨ですよ、と伝えると兵隊さんが嬉しそうに宿舎に戻った姿が忘れられない』とよく聞かされた」と話されたのです。そしてその方が後日鹿児島で開かれる食事会にも参加される、と言うのです。私はそのような体験をされた方とお会い出来るなら、何を話そうかと特攻について調べました。そしてある質問を思いつきました。それは「明日は雲一つない晴天」の予報の時、兵隊さんが明日の天気を聞きに来たら何とお答えしたのですか、と言うものです。それを聞いた途端、世話役の女性が「考えただけで胸がつぶれる思いです」と言われました。私は話を続けました。日本はこの時、「組織の命令で自らの生命を懸けて他人を殺傷する」という誤った情報を世界に発信してしまった。それを改める情報を発信しなければ日本の戦後は終わらない。そう考えています、とお伝えしました。寺の世話役の方は無言で頷かれました。守るべき祖国の人が悲しむ行為をしてはならない、というのが私が娘の披露宴で新郎の母上から伺った話から導いた結論です。

三番札所で襲われるような気配を感じたのは「戦争のない世界平和への願いを広めて欲しい」と石碑に祀られた戦争の犠牲者達の魂の願いが私の背中を押したのではないか、そして七十四番札所で、本堂に出征兵士の写真が多く祀られているのを見てそれを実行した。そう感じました。彼らの願いに十分応えられたか分かりません。そしてそれが正しい情報であれば、本書を通じてより広まることを願います。

ただ微力でも自分が出来る精一杯のことは果たしたと考えています。

私の世界観、宇宙観にご関心ございましたら拙著『いとしのルーリン』（文芸社発行）をご覧頂ければ幸いです。既に絶版ですが、「文芸社　いとしのルーリン」で検索し、「文芸社が運営する無料のオンライン・ライブ」から会員登録して頂ければ、無料でダウンロードすることが出来ます。

私の遍路とそれに伴う調査には至らない所が多々あると存じます。それらについて新しい情報が入り更新出来ることを願っております。

この遍路で出会った多くの方に感謝の意を捧げ筆を擱くこととします。

ご精読頂きありがとうございました。

２０２０年１月吉日

新井　俊夫

参考図書

『伊豆八十八ヶ所霊場こころの旅』（遠藤貴光著　ピーシードクター）
『伊豆八十八ヶ所霊場ほっと巡り』（インデックス社）
『伊豆八十八ヶ所霊場めぐりガイドマップ』（三嶋観光バス）
『ゆのくに伊豆物語』（沢史生著　国書刊行会）

著者プロフィール

新井 俊夫（あらい としお）

1953年６月27日生まれ　東京都品川区出身
1978年３月　上智大学法学部法律学科卒業
1978年４月　鉄建建設株式会社入社　海外部門に配属
1998年８月　同社を早期退職制度に応募して退職
　　　　　　その後建設系人材会社に複数勤務
2009年２月　ヒューマン・ハウス合同会社設立
2010年１月　自伝的私小説「いとしのルーリン」を文芸社より出版
2016年２月　静岡県賀茂郡河津町に移住
思いついた言葉：
「人生は木彫りの仏像を掘り起こすが如きもの」
「心が動けば人は動く」
「貴方が懸命に探している正解は貴方の横で寝転んであくびをしている」
「宇宙は外部からのエネルギーを受けることなく無限の輪廻を繰り返している、それは永久運動ではないか」
「人類の責務、それは我々が生きる宇宙が将来消滅し、そして再び新しい宇宙が誕生した時、そこに生命が誕生する星を創造させること」等

遍路で辿るもう一つの伊豆

2020年１月15日　初版第１刷発行

著　者　新井 俊夫
発行者　瓜谷 綱延
発行所　株式会社文芸社
〒160-0022　東京都新宿区新宿１－10－１
電話　03-5369-3060（代表）
03-5369-2299（販売）

印刷所　株式会社暁印刷

ISBN978-4-286-21276-0